bSS 1980

QUELQUES RÉFLEXIONS

A PROPOS

DE L'ANNÉE 1852.

PARIS.
IMPRIMERIE CENTRALE DE NAPOLEON CHAIX ET C⁰,
RUE BERGÈRE, 20.

QUELQUES
RÉFLEXIONS

A PROPOS

DE L'ANNÉE 1852

PAR

ÉTIENNE MALPERTUY.

Prix : 50 centimes.

PARIS

DENTU ET COMPAGNIE, LIBRAIRES,

PALAIS-NATIONAL, GALERIE VITRÉE, 13.

1851

INTRODUCTION.

Dans un pays libre et sensé comme le nôtre, rien ne devrait être plus simple et plus vite résolu que les questions politiques. Rien, cependant, n'y est plus compliqué, plus long à résoudre.

Le temps lui-même, qui a le pouvoir de tout terminer en ce bas monde, semble avoir renoncé à l'honneur de mettre un terme à nos dissensions politiques, et, à l'heure qu'il est, les choses menacent de s'embrouiller et de s'obscurcir tellement qu'il ne sera bientôt plus possible de faire un seul pas dans la situation sans s'y perdre.

Nous cherchons à exposer dans les pages suivantes les causes diverses qui ont amené et qui entretiennent sur notre pays les complications qui s'amassent de jour en jour devant toutes les issues.

I.

Des causes qui entretiennent les complications.

La France est en proie aujourd'hui à des perplexités sans nombre. Ces perplexités ne peuvent cesser que devant une résolution souveraine, décisive, inébranlable du pays tout entier. Le pays prendra-t-il une telle résolution ? Nous en doutons. C'est une des choses qui répugnent le plus à l'esprit français que de savoir prendre à temps une décision salutaire. En France, rien ne se termine jamais complétement. Il suffit qu'une question y soit parfaitement décidée pour qu'à l'instant même on la remette plus fortement en discussion. Notre pays, en outre, n'aime pas les choses trop stables : elles irritent sa mobilité naturelle. Ce caractère national date de loin ; c'est lui qui faisait dire à la mère de Louis XIV, la reine Anne d'Autriche : « C'est un singulier pays que la France ! Rien n'y est décidé, ni les grandes ni les petites choses. »

Nous signalons aujourd'hui ce caractère d'indécision, parce que le pays va toucher à une époque où l'irrésolution ne lui sera plus permise. Il n'est pas un esprit sensé qui ne voie, à l'heure qu'il est, que la France, poussée par la force des choses, arrive à une des phases de sa révolution où elle aura un vigoureux combat à soutenir pour sauver encore une fois ses destins en péril. Toute sa force sera dans sa bonne conduite. Toute sa conduite doit tendre à une résolution énergique vis-à-vis des éventualités de 1852.

Il est une résolution suprême que la voix de ses intérêts, son bon sens et la logique même des temps conseillent aujourd'hui à la France; mais, hélas! nous ne sommes pas encore arrivés à l'époque où l'on fait les choses raisonnables! La France devrait opter définitivement ou pour la monarchie ou pour la république, de telle sorte que la question soit irrévocablement décidée en faveur de l'une ou de l'autre forme de gouvernement. Le salut du pays n'est possible qu'à cette condition formelle. Tant que l'un de ces deux principes politiques n'aura pas obtenu sur l'autre un triomphe complet et définitif, tous les deux se croiront en droit de se disputer le pays, de le bouleverser et d'y faire de l'anarchie blanche ou rouge. Puisque l'occasion va ouvrir pour l'année 1852 un champ de bataille où doivent se mesurer la république et la monarchie, ne semble-t-il pas tout naturel qu'il n'en sorte qu'un seul vainqueur, maître de l'avenir? Il y a dans cette grande lutte qui se prépare entre la monarchie et la république, quelque chose de formidable et de suprême qui nous remet dans la mémoire les champs de Pharsale où César et Pompée ouèrent l'empire romain. Si la victoire fût restée indécise entre ces deux compétiteurs, Rome continuait à être déchirée et divisée par ces deux rivalités. Avec César vainqueur, un gouvernement rentra dans Rome. De même aujourd'hui, en France, la bataille doit se livrer entre la monarchie et la république. Si la victoire reste douteuse entre les deux rivales, la France continue à être déchirée et divisée. Il faut donc que la victoire complète passe à César ou à Pompée, à la monarchie ou à la république : sinon, Rome pourrait bien voir revenir des champs de Pharsale un vainqueur qui ne serait ni César ni Pompée, ni la monarchie ni la république ! Rome, muette et consternée, pourrait bien être forcée de recevoir dans ses murs nous ne savons quel maître inconnu, dont le nom barbare ferait pâlir d'effroi sa civilisation, et dont le langage monstrueux désolerait les échos sonores de la tribune où parlait Cicéron ! Que la France en soit parfaitement convaincue : si elle éternise cette lutte entre la monarchie et la république, elle donne le temps de naître à quelque chose qui ne sera ni la république ni la monarchie ; qui glissera sans bruit entre ces deux formes de gouvernement toujours en lutte ; qui avancera par l'entremise des haines de parti, et qui, un jour, aura si bien mis le pied sur elle, qu'elle ne pourra plus se relever.

Il est évident que notre pays ne peut échapper à sa perte qu'en se réfugiant définitivement ou dans la monarchie ou dans la république. C'est dans l'un de ces deux ports qu'il doit plier pour toujours ses voiles vagabondes. Entrera-t-il pour n'en plus jamais sortir, dans l'un ou l'autre port? Toute la question est là!....

Mais commençons par examiner les obstacles qui empêchent encore aujourd'hui le pays d'accepter complétement et pour toujours, soit la forme monarchique, soit la forme républicaine ; en un mot, de faire une fin politique.

Ces obstacles sont au nombre de trois.

Le premier obstacle tient au caractère national que nous signalions plus haut, qui, au moment décisif, pourrait bien ne se décider ni pour la monarchie, ni pour la république, par la bonne raison qu'il faudrait se décider. D'un autre côté, inconstant et léger de sa nature, le peuple français ne s'inquiète que fort médiocrement de la durée de ses gouvernements. On dirait même qu'il trouve un certain charme à les voir tomber, tant il met peu de soins à les garantir. Il lui sera donc très-difficile avec un tel caractère de se constituer en gouvernement difinitif. Deux fois, dans un espace de trente-six ans, notre pays avait trouvé une situation heureuse ; mais il s'est aussi vite irrité du repos que lui procura la Restauration, qu'il s'est ennuyé, plus tard, de la prospérité que lui donna le règne de Louis-Philippe. Le pays s'est donc mis à faire deux révolutions, poursuivant bien moins la liberté que le changement. Cette passion du changement, qui est le fonds mouvant du caractère national, chez nous, tient à deux choses : à l'oubli du passé, à l'imprévoyance de l'avenir. Il semble tout naturel que la France bénisse la Providence chaque fois qu'elle trouve un port et qu'elle s'y fixe en se souvenant des tempêtes qu'elle a essuyées sur l'océan révolutionnaire. Loin de là : c'est la France elle-même qui, fatiguée d'un trop long calme, lève brusquement l'ancre et remonte dans les mers orageuses. Agissant au rebours de Xercès, qui faisait fouetter les flots mutinés, la France fustige l'océan révolutionnaire aussitôt qu'il fait mine de prendre un indigne et trop long repos. L'oubli du passé mène tout droit à l'imprévoyance de l'avenir. Qui commet l'imprudence d'oublier, n'a jamais la sagesse de prévoir. Aujourd'hui, le pays se trouve en face d'un avenir difficile et très-obscur : jamais la prévoyance nationale n'aura été mise à une plus solennelle épreuve. Le pays se souviendra-t-il du passé ? aura-t-il la sagesse de prévoir l'avenir? ou se laissera-t-il aller encore à ses inclinations révolutionnaires? Mais, aujourd'hui, une révolution ne peut et ne doit plus être pour le pays une affaire de goût, un passe-temps national, un changement de décors politiques; une révolution nouvelle, à l'heure qu'il est, c'est l'inconnu qui déborde sur toutes choses. Autrefois, en changeant de gouvernement, la France versait tantôt de la monarchie dans la république, tantôt de la république dans la monarchie; mais aujourd'hui, faire une révolution pour le seul plaisir de changer, ce serait infailliblement tomber dans un chaos politique qui ne serait plus ni la monarchie, ni la république.

Devant la question de 1852, le pays se corrigera-t-il de son caractère naturel pour prendre une décision parfaite? Ou se laissera-t-il conduire comme toujours par sa nature, remettant le soin de son salut au hasard de ses destinées tumultueuses, à sa folle étoile ou à Dieu, qui n'a jamais abandonné la France?

Le second obstacle qui s'oppose au triomphe définitif d'un gouvernement soit monarchique, soit républicain, tient à l'ignorance en matière politique où sont encore plongés les trois quarts des citoyens en France.

Enfin, le troisième obstacle est caché dans les tortueuses difficultés que les partis engendrent devant toute solution qui ne leur donne pas le gouvernement définitif.

II.

De l'ignorance en matière politique du plus grand nombre des citoyens.

Il est un fait que personne ne saurait contester, c'est que les partis, en s'adressant aux masses, ont toujours mieux aimé les agiter que les instruire. La raison en est facile à comprendre. Tant que les partis militent, il est de leur intérêt d'exciter avant tout les passions qui peuvent servir au triomphe de leur cause. D'un autre côté, les masses, beaucoup plus disposées à s'agiter qu'à s'instruire, demandent moins à connaître la vérité qu'à se sentir travaillées par des excitations qui correspondent si bien avec leurs instincts turbulents. Aussi, depuis soixante et un ans que dure la Révolution française, voyons-nous le bon sens politique ne faire dans les masses qu'un progrès douteux et sans cesse reculé par les efforts des passions mauvaises que les partis entretiennent. Toute la cause du mal est là : le principe monarchique et le principe républicain sont encore aujourd'hui sur le pied de guerre ; sans cesse occupés l'un et l'autre à combattre, ils ne sauraient trouver le temps de descendre avec calme dans le sein des masses pour les moraliser, les éclairer et les instruire. Comme, d'un autre côté, la victoire ne s'est encore décidée complétement ni pour la monarchie ni pour la république, il en résulte que l'un et l'autre principe ont toujours intérêt à ne pas désarmer les passions qui, à un moment donné, peuvent combattre en leur faveur. De quelques bonnes intentions que soient animés et monarchistes et républicains en faveur des masses, le malheur des temps l'emporte sur eux, et l'intérêt de leur cause toujours en litige, bon gré, mal gré, les force bien plus à remuer qu'à éclairer le peuple, et à lui distribuer beaucoup plus de fusils que de bonnes raisons.

Ainsi, depuis soixante ans, toujours passant de la monarchie à la république, de la république à la monarchie, servant tantôt les intérêts de l'une, tantôt les passions de l'autre, ne comprenant rien à ces révolutions qui font passer sous ses yeux tantôt la monarchie, tantôt la république, n'ayant jamais eu le temps de se former à l'école ni de l'une ni de l'autre, le peuple ne peut encore rien faire de bon en politique. Il ne peut guère offrir que son bras à la cause des principes. Et lorsque, dans la grande question de 1852, le suffrage universel l'appellera pour donner son concours intelligent, il est certain qu'il ne fera rien de régulier, de sensé, de complet, mais qu'il se laissera égarer par le parti qui flattera le plus ses passions.

Avouons, d'un autre côté, que la science politique, en France, n'est pas chose facile à répandre clairement dans les masses. Son point de départ logique est la révolution de 1789. Mais cette révolution de 1789 est née de causes si diverses que chacun la comprend à sa manière et l'enseigne comme il la comprend. Faut-il dire que ce sont les philosophes qui ont fait la révolution? Faut-il en accuser le clergé? Est-elle descendue de l'initiative royale? A-t-elle été engendrée par les vices de l'ancien régime? Faut-il la voir grossir au sein des prétentions bourgeoises? Est-elle née des misères du peuple?... Nous croyons que cette révolution s'est faite avec toutes ces causes réunies, parce que dans ce grand événement de notre histoire où chacun fut accusé, il y a quelque chose qui nous dit que tout le monde avait un peu tort...

Il faut donc, pour donner au peuple l'enseignement politique, prendre comme point de départ une révolution qui, tour-à-tour, a abattu la monarchie et proclamé la république, rejeté la république et rétabli la monarchie, chassé la monarchie et rétabli la république. Est-ce là un enseignement politique, moral, salutaire à mettre sous les yeux du peuple ? N'y a-t-il pas, au contraire, dans toute cette folle conduite de la révolution, quelque chose qui autorise toutes les extravagances populaires ? N'y a-t-il pas dans la marche vagabonde de cette révolution qui n'enfante aucun gouvernement durable, quelque chose de stérile qui doit à la longue désespérer le bon sens national ? Ne serait-il pas très-urgent, aujourd'hui, que le pays se décidât à arrêter sa révolution dans une forme de gouvernement définitif ? Si le pays ne le fait pas, il est certain que les masses continueront à s'agiter devant l'image d'une Révolution toujours en haleine ; il est certain que ces masses finiront par mépriser une puissance qui ne leur donne aucun gouvernement, et qu'elles se laisseront saisir à la fin par la démoralisation politique, en ne voyant sortir de tous ces bouleversements aucun principe vainqueur qui vienne les éclairer, les conduire et leur donner une vertu publique !

Ici, nous touchons à la grande question, à cette question à laquelle le XIXe siècle aura élevé le plus vaste monument qui ait jamais été bâti en l'honneur du *pour* et du *contre*. Quel gouvernement la révolution avait-elle à donner à la France ? Est-ce la monarchie, est-ce la république qui devait sortir des entrailles de cet événement ? Question qui s'est agitée pendant soixante et un ans ! L'Assemblée constituante avait un rôle indiqué par la place même qu'elle occupait à l'entrée de la révolution française. Elle devait constituer cette révolution sur les bases d'un gouvernement nouveau. Que fait-elle? Elle commet aussitôt le plus grand crime politique dont puisse se rendre coupable une assemblée constituante : elle ébranle les bases du gouvernement monarchique qu'elle n'ose pas abattre, et elle prépare le triomphe de la république qu'elle n'ose pas proclamer. Elle ne donne au pays ni la monarchie ni la république; elle y jette l'anarchie. Sa mission, cependant, était écrite tout au long dans la nature des événements qui l'avaient convoquée. Elle devait faire des réformes sociales, mais elle devait laisser à la société son plus ancien comme son plus naturel défenseur : le Roi. Elle ne comprit pas que la révolution française n'avait aucun intérêt à tuer la royauté, mais qu'elle avait, au contraire, tout profit à la rajeunir. L'Assemblée constituante rajeunissait la royauté en fondant franchement, inébranlablement la monarchie constitutionnelle.

Nous croyons donc que la révolution devait fonder en France la monarchie constitutionnelle ; elle y trouvait son but; elle y abritait ses destinées. Nous ne prétendons pas dire que la forme monarchique soit plus parfaite et contente mieux la raison humaine que la forme républicaine : telle n'est pas notre pensée ; mais le gouvernement monarchique, en s'alliant mieux aux mœurs de notre pays, y rassure davantage la pensée générale, et, pour nous servir d'une expression vulgaire, on dort beaucoup mieux en monarchie qu'en république. Et, qu'on ne s'y trompe pas! quelque grandes que soient les agitations qui remuent les hommes, il existe toujours au fond de l'humanité quelque chose de sage qui demande à dormir en paix. C'est ce besoin de repos que jusqu'à présent, à tort ou à raison, le gouvernement monarchique, seul, semble pouvoir garantir à la France. Le pays peut bien expulser violemment la monarchie, mais il n'en garde pas moins dans ses fibres la douce impression du repos qu'il a pris sous la Restauration et sous le règne de Louis-Philippe.

Et, cependant, le pays, qui a trouvé trente-trois ans de prospérité sous la monarchie, les trente-trois années grasses du siècle, ce même pays est aujourd'hui en république. Sans aucun doute, la république peut donner un gouvernement. Le principe démocratique qui lui sert de base serait même un élément politique parfait si la nature humaine était parfaite. En effet, n'est-il pas naturel que tous les membres d'une société aient une part d'action dans une chose où ils ont tous une part d'intérêt? N'est-il pas beau de faire du gouvernement un centre où viennent rayonner le patriotisme et la probité politique de tous les citoyens? N'est-ce pas faire de la patrie une chose commune dont la grandeur toujours croissante est faite de toutes les vertus que lui apportent à l'envi tous les généreux citoyens? Grande et superbe image de la démocratie!... Mais une telle démocratie est-elle possible à l'heure qu'il est en France? Il faut bien l'avouer à notre honte, les vertus de Sparte ne courent pas les rues de notre patrie. Le sang qui coule dans les veines de la France y circule depuis quatorze siècles; il n'a plus cette rude chaleur qui engendre les vertus stoïques; il n'a plus cette sève ardente qui renouvelle la vie. Ce sang alimentera bien les vieux jours de la France, mais il ne pourra jamais lui remettre sur le visage l'éblouissant caractère de la jeunesse! D'un autre côté, les changements continuels de gouvernement ont jeté dans notre pays la démoralisation politique. Le sens politique s'y perd. Les uns ne l'ont plus du tout; les autres le portent tout ulcéré dans leurs cœurs. Chez les premiers, la qualité de citoyen devient un ennui; chez les seconds, elle devient une arme... Et cependant, la France tend de plus en plus à se constituer en Etat démocratique. La démocratie peut-elle y fonder un gouvernement? Oui, si elle n'anéantit pas avant le pays. La démocratie ressemble à ce souffle qui règne sur les mers:

ce souffle est le vent propice qui mène au port quand il ne lui prend pas la fantaisie d'être la tempête qui engloutit le vaisseau. Chez un peuple sage, c'est le vent propice ; chez un peuple indocile, c'est la tempête.

Le principe démocratique travaille donc aujourd'hui à fonder la république. Ce gouvernement ne pourra s'établir qu'avec très-grande peine ; nous en avons donné quelques raisons plus haut. La république ne peut exister en France qu'à cette condition qu'elle aura toutes les vertus qu'elle reproche à la monarchie de ne pas avoir. Il lui faudra, pour gouverner, beaucoup plus de force et de sagesse qu'à la monarchie, parce qu'il est dans sa destinée de côtoyer plus de situations pleines d'écueils, et d'avoir à voyager avec des passions plus portées à la licence. De plus, la loi fondamentale de sa durée, sa nature, en un mot, exige qu'elle trouve, pour exister, un peuple moral et éclairé.

La république peut-elle, en 1852, trouver le peuple dans ces conditions favorables ? Nous ne le pensons pas. Nous avons dit plus haut les causes qui entretiennent encore l'ignorance et la démoralisation politiques dans la masse des citoyens. En 1852, la démocratie ne peut donc pas espérer un triomphe complet ; elle fait un pas de plus, mais elle n'arrive pas au but définitif. Si, cependant, elle voulait atteindre tout-à-fait le but, elle ne le toucherait qu'en faisant un acte de violence qui la déshonorerait. Si la démocratie est sûre de l'avenir, elle doit être patiente. Si, au contraire, pour triompher, elle commet les excès que provoquent si bien les théories socialistes et que demandent les masses ignorantes, la démocratie tombera, en 1852, dans nous ne savons quel chaos où elle entraînera la France comme une proie à moitié morte.

III.

De l'influence des Partis sur la question de 1852.

Les partis qui divisent aujourd'hui la France offrent un très-singulier spectacle : ils ont tous une force qui leur est propre, et cependant ils n'ont la force de rien faire. Ils se partagent le pays ; ils y ramassent tout ce qu'il faut pour devenir des rivaux menaçants ; mais ils n'y conquièrent rien de ce qui donne cette puissance soudaine et irrésistible qui fait le vainqueur. Tous ces partis ont un pied dans la lutte, mais aucun n'a la main sur la victoire. C'est là le côté fatal de la situation politique : la France arrivera à l'année 1852 sans qu'un de ces partis ait pu parvenir par la raison, par une action d'éclat, par quelque chose de complet, à conquérir à lui seul la masse de l'opinion publique. En 1852, les influences monarchiques n'auront certainement pas décidé le pays à revenir à la monarchie : c'est un acte de repentir que l'orgueil national n'est pas encore tenté de faire. L'influence démocratique, de son côté, n'aura pas encore converti le pays entier à la foi républicaine : c'est un acte de raison que le bon sens national ne fera qu'après longue et mûre réflexion. Ainsi, les principes pourront se jeter dans la balance : aucun n'aura le poids.

C'est toujours un grand malheur pour un pays que de compter plusieurs partis dans son sein ; mais le malheur devient bien plus grand encore lorsque ces partis ont tous un peu raison. En France, les principes politiques qui se disputent aujourd'hui le pouvoir ont déjà régné ; ils ont donc déjà commis ou des fautes ou des crimes. Les partis peuvent donc s'accuser mutuellement. Et comme c'est le propre de l'esprit de parti d'aller chercher ses meilleures raisons dans les torts de l'autre, il en résulte que tous les partis ont des raisons à faire valoir, parce que tous les partis ont des torts à se reprocher. Nous savons bien qu'en bonne justice, c'est le parti qui a le moins de torts à se reprocher qui possède le plus de raisons pour triompher; mais comme tous prétendent jouir de ce glorieux antécédent, tous prétendent donc au triomphe. Quelle éternelle dispute !

Cependant, comme il est un terme à tout en ce monde, il faut bien admettre que nos luttes politiques auront une fin quelconque. On peut prévoir cette fin de deux manières : elle arrivera ou par la raison ou par la force. Par la raison, le chemin sera long, mais il est sûr; par la force, la route est terrible. Nous aimons à croire que c'est la raison qui terminera la lutte, qui amènera la soumission intelligente des esprits, en un mot, qui dénouera le drame révolutionnaire que la France joue depuis si longtemps. Si la raison n'intervient pas, c'est la force qui fera l'office. La raison peut résoudre la question d'une façon calme, sérieuse, douce pour tout le monde; la force la tranchera comme le bourreau tranche une tête. La raison est un foyer de vérité assez vaste pour réunir tous les esprits de quelque côté qu'ils entrent; la force est une chaîne qui passe sur les âmes et les tient brutalement séparées les unes des autres. La raison peut sauver une nation divisée; la force l'étouffe en la protégeant. Ne serait-il pas temps que le pays descendît consciencieusement en lui-même et amenât le triomphe de cette raison souveraine ? Les chefs de partis, au lieu de s'agiter dans des luttes stériles, ne feraient-ils pas mieux d'étudier, d'approfondir les choses, afin de savoir où est la vérité pour y guider sagement les esprits qu'ils entraînent après eux ?

Nous ne nous dissimulons pas que dans cette espèce de chaos politique où se trouve aujourd'hui la France, il est très-difficile de voir où se tient cette raison à laquelle le pays doit se soumettre ; tous les partis prétendent la tenir enfermée dans leur marche, comme l'arche sainte au milieu de l'armée hébreuse. Il est cependant un fait qui la signale à travers tous les événements modernes : ce fait est celui de la révolution française qui fait naître le principe démocratique. Si la révolution a enfanté ce principe, c'est qu'il était dans sa nature de le mettre au jour : une révolution n'accouche pas d'une chose pour une autre. La démocratie est donc née de la révolution. Nous sommes convaincus que le principe démocratique est l'élément des gouvernements futurs ; et si nous en avons signalé et si nous en signalons encore les vices et les dangers, c'est que nous voulons servir la démocratie sans la flatter, au lieu de faire comme certains démocrates, qui la flattent sans la servir.

Il est évident que c'est du principe démocratique

et de son expression naturelle, la souveraineté du peuple, que doit sortir le gouvernement de l'avenir. Tous les partis comprennent cette vérité, mais ils ne s'en approchent pas tous au même degré. Ils le voudraient qu'ils ne le pourraient pas. Si les légitimistes veulent forcer leur antique principe à tendre la main par-dessus les siècles à un principe de date toute récente, ils enlèvent à l'instant même au droit divin sa véritable grandeur ; ils dépouillent le monarque de quatorze siècles pour l'habiller en courtisan d'un souverain né d'hier. La légitimité doit rester dans son principe ; en faisant un seul pas dehors, elle tombe. Si les orléanistes veulent amener la démocratie dans leur forme de monarchie constitutionnelle, ils trouvent aussitôt chez elle cette répugnance invincible qu'éprouverait un fleuve à rentrer aujourd'hui dans le lit qu'il aurait abandonné hier. Et telle est la nature de l'élément démocratique, qu'il aime mieux s'égarer que de rebrousser chemin. Les républicains s'allient à certains côtés de la démocratie, mais ils en sont repoussés par certains autres. Ils ont pour eux ses passions ; ils ont contre eux ses intérêts. Ils attirent la démocratie par la forme même de leur gouvernement, mais ils l'inquiètent par l'éternelle et sanglante image de la Terreur. Que d'hommes sensés ont reconnu en secret a vérité du gouvernement démocratique, et ont eu honte de s'y rallier, parce que 93 a mis un bonnet rouge sur la tête de ce principe ! Ce hideux insigne a fait pis que de tuer ce principe ; il l'a déshonoré pour longtemps encore !

La révolution de février a proclamé grandement le principe démocratique ; elle lui a donné la souveraineté complète en lui donnant le suffrage universel. Mais cette révolution n'a pas fait triompher la démocratie. Elle lui a donné la clef de l'avenir, mais la porte n'est pas encore ouverte. Elle ne s'ouvrira que le jour où tous les partis ramenés, les uns par la raison, les autres par la force des choses, comprendront le salut du pays de la même manière et salueront le principe démocratique dans la même forme de gouvernement. Mais cet accord des esprits est-il possible en France ? Deux choses peuvent l'amener : l'intérêt de chacun, le salut de tous.

Le pays ne cessera de faire des révolutions que lorsque l'élément démocratique aura trouvé son gouvernement définitif, comme un fleuve cesse de commettre des ravages dès qu'il trouve un lit pour son cours. Est-ce la monarchie, est-ce la république qui convient à la démocratie française ? Nous croyons que la France peut aussi bien se constituer en monarchie démocratique que Rome s'était constituée en république aristocratique. Les mots n'offusquent que les petits esprits : c'est le principe seul des institutions qu'il importe de bien établir. Toute la question est de savoir si la démocratie est dans de meilleures conditions vitales sous une république que sous une monarchie. Sous une république, la démocratie a des espaces plus vastes devant elle, mais elle court aussi plus de risques de s'y perdre. Sous une monarchie, la démocratie a un mouvement moins retentissant, mais mieux réglé : c'est le fleuve qui ne fait ni de bruit ni de mal. Sous une république, les passions populaires, à tort ou à raison, croient avoir des prétextes continuels pour se réveiller ; la monarchie a une régularité d'existence qui les endort. Cette dernière forme de gouvernement nous semble plus propre à développer tous les avantages de la démocratie, parce qu'elle en apaise mieux les passions. Et, qu'on ne l'oublie pas ! le peuple, las des révolutions, cherche beaucoup plus à vivre en paix qu'à se passionner, et il acceptera avec reconnaissance et pour toujours un gouvernement qui n'exposera plus la France à coucher continuellement sur un champ de bataille.

Mais, en 1852, le pays sera-t-il assez éclairé, assez sage, pour donner au principe démocratique le gouvernement qui convient le mieux à ses développements, à sa grandeur, à ses destinées ? Non. L'année 1852 ne résoudra pas la question : elle ne sera qu'une arène nouvelle : rien de plus. Les partis sont encore trop en face de leurs espérances et de leurs ambitions; ils ont encore dans les veines trop de sang à répandre pour entrer en 1852 sur le terrain de la conciliation. La victoire restera encore indécise entre la monarchie et la république, et le pays n'aura rien de mieux à faire qu'à rester où il est aujourd'hui, et d'attendre que la raison lui vienne pour se prononcer définitivement en faveur de la monarchie ou de la république.

IV.

Des deux pouvoirs dans la question de 1852.

Le gouvernement actuel de la France, considéré de près, n'offre l'image ni d'une monarchie ni d'une république. C'est une halte forcée entre les deux principes politiques. Il ne faut accuser personne de ce bizarre état de choses; c'est le temps qui veut que cela soit ainsi. La révolution de Février n'a pas donné un gouvernement au pays; elle n'a pas plus fondé la république qu'elle n'a détruit la monarchie. Elle a mis ces deux formes de gouvernement en présence, comme deux parties adverses dans un procès. Elles plaident; le pays écoute. Les débats se sont ouverts au mois de février 1848 et se termineront le jour où le bon sens national donnera gain de cause à l'un ou à l'autre principe. En attendant, nous sommes dans la procédure jusqu'au cou. Ce que le pays doit redouter par dessus tout, c'est de ne voir jamais finir le procès, et, malheureusement, il a bien quelques craintes à avoir de ce côté-là. Nous vivons dans un siècle fertile en avocats; chacun apporte sa parole sur l'autel de la patrie; chacun fait son discours pour sauver la France, et ce pauvre pays pourrait bien périr pour avoir été trop bien défendu !

Il appartenait à la singulière époque que nous traversons de nous donner le gouvernement singulier que nous possédons aujourd'hui. Ce gouvernement a deux pouvoirs, comme la tête de Janus avait deux faces. Ces deux faces étaient collées l'une contre l'autre, mais elles ne regardaient pas du même côté. Ces deux pouvoirs sont unis par la Constitution, mais la nature des choses les force à regarder d'un côté tout opposé. Ces deux pouvoirs n'ont donc pas le même horizon devant les yeux; ils ont chacun des perspectives différentes qui encadrent la carrière où ils marchent et qui expliquent la manière différente dont ils la parcourent. Ils ont beau sortir tous deux de la même source politique, leur nature jalouse les porte bien vite à isoler leur autorité pour mieux la posséder. En ce moment, nous mettons le doigt sur le vice capital de la Constitution de 1848. Cette Constitution a glissé le pouvoir exécutif et le pouvoir législatif dans la machine gouvernementale comme deux rouages qui lui donnent, il est vrai, le mouvement, mais qui s'engrènent si violemment, qu'ils courent le perpétuel danger de se briser mutuellement. A la manière dont les deux rouages frottent l'un contre l'autre, sans intermédiaire aucun, il est très-facile de comprendre qu'ils doivent vite s'user. Il est donc certain que, grâce à un système de pouvoir établi sans contre-poids bienfaisant, la machine gouvernementale ne doit durer que le temps que mettent les deux rouages à s'user et à se rompre.

Les deux pouvoirs sont appelés naturellement à jouer un rôle tout différent dans l'action du gouvernement. Le pouvoir législatif éclaire la situation ; le pouvoir exécutif la dirige. Le premier appelle les grandes questions politiques, les discute, les met en scène devant le pays, qui écoute et s'instruit ; le second a un rôle moins bruyant, plus mystérieux : il veille dans son gouvernement et fait taire les mauvaises passions qui voudraient empêcher le pays d'écouter et de s'instruire. Le pouvoir législatif refait le gouvernement dans la loi ; le pouvoir exécutif le refait dans la rue. Chacun rebâtit le mur de son côté. Et, cependant, ces deux pouvoirs, dont les rôles sont si bien limités, ont trouvé moyen d'avoir des conflits, tant sont difficiles à éviter les luttes de pouvoir à pouvoir ! Examinons de près ces conflits ; ils naissent presque toujours d'une question de prépondérance. Ne serait-il pas urgent de créer un troisième poids qui rendît moins vif en l'amortissant, le mouvement de haut et de bas que peuvent subir les deux pouvoirs rivaux... ? En dehors de ces luttes inévitables, les assemblées ont rendu d'immenses services au pays : elles l'ont remis dans une attitude convenable. D'un autre côté, le pouvoir exécutif a refait une chose que le pays aurait le plus grand tort d'oublier : Louis-Napoléon a relevé la ferme et tranquille image du pouvoir en France. Et l'œuvre n'était pas facile à faire ; car de tous les principes que nos révolutions ont attaqués, le principe de l'autorité est, sans contredit, celui qu'elles ont le plus fortement ébranlé par la raison qu'il a le plus résisté à leurs coups : c'est la digue que le torrent épargne le moins. Il est donc très-évident que le président de la République a reconstitué le principe de l'autorité. La France peut l'oublier. Un tel oubli ne nous étonnerait pas de la part d'un pays qui ne s'est jamais piqué d'une trop grande reconnaissance envers tous ses gouvernements. Un gouvernement, semblable à Hercule, terrasserait demain tous les monstres qui rôdent dans l'avenir, que le pays ne le laisserait pas vivre une heure de plus que celle qu'il lui aurait fixée dans son inconstance. Et nous le disons avec tristesse : où le pouvoir abat les pervers, il rencontre aussitôt l'ingratitude des honnêtes gens !

Il importe maintenant de voir l'action que peuvent exercer, sur la question de 1852, le pouvoir législatif et le pouvoir exécutif.

L'Assemblée actuelle est composée d'hommes très-éminents, mais elle renferme aussi des caractères très-violents. Dans son enceinte, où s'entassent et s'échauffent tant de partis, tant de haines, tant d'ambitions, les passions politiques prennent aussitôt une vie extraordinaire, et, au bout de quelque temps, elles ne représentent pas plus le pays que les plantes qui poussent en serres chaudes ne représentent la végétation extérieure. Le pays, lui, vit dans une atmosphère moins chargée de politique ; chacun s'y occupe beaucoup plus de ses affaires que de son parti ; on y aime mieux le repos qu'une révolution nouvelle, et, dans la question de 1852, le pays nous semble plus capable que l'Assemblée législative de dénouer avec calme, avec profit, la situation que nous a faite la Constitution. L'Assemblée, appelée à décider seule la question, ne la déciderait pas tout-à-fait dans le sens du pays. De quelques lumières que soient doués les représentants, ils ne peuvent pas prétendre y voir plus clair que tout le reste de la France. L'Assemblée législative doit adresser la demande; c'est au pays à donner la réponse.

Devant les éventualités de 1852, le pouvoir exécutif a une position difficile et délicate. Le nom qu'il porte, les témoignages heureux de son passage aux affaires, lui donnent des chances que de lui-même il ne doit jamais mettre en avant. Le président de la République doit rester dans cette attitude noble et calme qui n'attend de la volonté nationale ni une faveur ni un triomphe, mais un jugement. Si le pouvoir exécutif cherchait à peser sur la résolution du pays, il l'éloignerait aussitôt de lui. Il est une chose au monde plus forte que les empires, c'est la nécessité. — Est-ce la monarchie qui doit rentrer par la porte de 1852? Et quelle monarchie? Est-ce la république qui doit fermer pour toujours, en 1852, la porte des révolutions? Et quelle république? Du jour où le pays verra qu'il ne peut tendre la main ni à droite ni à gauche, la force de la situation lui ordonnera de prolonger les pouvoirs du président. Les monarchistes disent: Mais cet état de choses habitue le pays à la république. Où est le mal, si c'est la république qui doit devenir le gouvernement définitif? Les républicains s'écrient: Mais cet état de choses laisse continuellement rôder la monarchie aux frontières. Où est le mal, si c'est la monarchie qui doit sauver la France?

Nous avons signalé plus haut les causes nombreuses qui empêcheront le pays d'aller franchement ou à droite ou à gauche, c'est-à-dire d'opter définitivement ou pour la monarchie ou pour la république. Du moment où le pays ne se rendra pas cordialement à l'une ou à l'autre, le plus simple bon sens lui conseillera de se maintenir à la place qu'il connaîtra déjà depuis quatre ans.

En n'avançant pas du tout, il a du moins la chance de ne pas tomber dans l'inconnu.

La prolongation des pouvoirs du président de la République est une porte ouverte au fond du dédale où la France va se trouver au mois de mai 1852. Cette prolongation, il est vrai, ne donne pas au pays un gouvernement définitif, mais elle y mène. Elle fait, en outre, une chose qu'il est très-important de ne pas dédaigner : elle immobilise autant que possible le principe de l'autorité. En l'immobilisant, elle le fortifie et elle l'honore. Et le pays ne doit jamais oublier que son plus grand besoin est de voir rétabli le principe de l'autorité, parce que son plus grand danger serait de le voir abattu.

Résumons. L'Assemblée législative ne peut pas voter la prolongation des pouvoirs. Le pouvoir exécutif ne doit la demander en aucune façon. C'est le pays qui de lui-même doit la décider. Nous le répétons, le pays est encore, à l'heure qu'il est, perdu dans la poussière que font les partis en luttant autour de lui ; le bon sens lui conseille d'attendre que les nuages se dissipent. S'il n'est pas encore assez mûr pour fixer ses véritables destinées politiques, il sera du moins assez prudent pour éviter le danger qui le menace. Si le pays regarde la prolongation des pouvoirs comme une nécessité du moment, rien au monde ne pourra l'empêcher de voter la prolongation des pouvoirs, et il exprimera sa volonté souveraine, par élan national, et dans un moment où un immense éclair de bon sens illuminera devant ses yeux toutes les profondeurs de l'avenir pour lui en dévoiler tous les chemins sombres et toutes les cimes menaçantes !

FIN.

www.ingramcontent.com/pod-product-compliance
Lightning Source LLC
Chambersburg PA
CBHW060710050426
42451CB00010B/1366